BEI GRIN MACHT SICH IHR WISSEN BEZAHLT

AF130504

- Wir veröffentlichen Ihre Hausarbeit,
  Bachelor- und Masterarbeit

- Ihr eigenes eBook und Buch -
  weltweit in allen wichtigen Shops

- Verdienen Sie an jedem Verkauf

Jetzt bei www.GRIN.com hochladen und kostenlos publizieren

Grundlagen der Persönlichkeitspsychologie. Biopsychosoziales Krankheitsmodell, Selbstwirksamkeit und Stress

Bibliografische Information der Deutschen Nationalbibliothek:

Die Deutsche Nationalbibliothek verzeichnet diese Publikation in der Deutschen Nationalbibliografie; detaillierte bibliografische Daten sind im Internet über http://dnb.d-nb.de abrufbar.

ISBN: 9783346381576
Dieses Buch ist auch als E-Book erhältlich.

© GRIN Publishing GmbH
Nymphenburger Straße 86
80636 München

Das Buch bei GRIN: https://www.grin.com/document/1003491

Persönlichkeitspsychologie

Inhaltsverzeichnis

Abkürzungsverzeichnis

BGM	Betriebliches Gesundheitsmanagement
Bspw.	Beispielsweise
Ggf.	gegebenenfalls
sog.	sogenannt
WHO	Weltgesundheitsorganisation

4

Abbildungsverzeichnis

Tabellenverzeichnis

1 Aufgabe B1

1.1 Persönlichkeit und Gesundheit

Im Folgenden werden die beiden Begriffe Persönlichkeit und Gesundheit sowie die Gesundheitspsychologie definiert und deren Zusammenhang erläutert.

Herrmann (1987) beschreibt, dass die Definition von Persönlichkeit abhängig von der jeweiligen Persönlichkeitstheorie betrachtet werden muss. In seinem Buch „Lehrbuch der empirischen Persönlichkeitsforschung" zählt er acht verschiedene Definitionen auf und verdeutlicht damit, dass es unmöglich ist zu einer allseits verbindlichen Definition zu gelangen (Herrmann, 1987, S. 23–26). Er legt dar, dass Persönlichkeitstheorien stark „traditionsabhängig" sind und diese lediglich das philosophische Menschenbild des Autors wiederspiegeln. Dennoch definiert Herrmann die Persönlichkeit und beschreibt sie als ein bei jedem Menschen einzigartiges, relativ stabiles und überdauerndes Verhaltenskonstrukt (S.29). Neyer und Asendorpf (2018) definierten die Persönlichkeit folgenderweise: „Persönlichkeit ist die nichtpathologische Individualität eines Menschen in körperlicher Erscheinung, Verhalten und Erleben im Vergleich zu einer Referenzpopulation von Menschen gleichen Alters und gleicher Kultur." (S.20)

Gesundheit wird von vielen Menschen als das Gegenteil von Krankheit verstanden, die Weltgesundheitsorganisation (WHO) geht jedoch darüber hinaus und definiert Gesundheit nicht allein mit der Vermeidung von Krankheit und der Verbesserung des Allgemeinzustands, sondern mit dem „[…] vollständigen physischen, psychischen und sozialen Wohlbefindens […]. " (1999, S.258). Die WHO berücksichtigt, dass die Psyche und das soziale Wohlbefinden ebenfalls wichtige Aspekte der Gesundheit sind, aber diese Definition ist beinahe ein utopisches Ideal (Dr. Beate Becker, 2014, S.24) und es ist zweifelhaft ob dies jemals erreicht wurde. Die Definition besteht jedoch aus zwei Teilen, der zweite Teil beschreibt, dass Gesundheit ebenfalls die Verringerung von Krankheit und Verbesserung des subjektiv empfundenen Gesundheitszustandes ist (WHO, 1999, S.258). Da der subjektiv empfundene

Gesundheitszustand individuell erlebt wird, entstehen große Unterschiede in der Empfindung und des Verständnisses von Gesundheit. Dennoch sind die Definitionen von Gesundheit entweder positiv oder negativ ausgerichtet, indem sie die Anwesenheit bestimmter positiver Merkmale oder die Abwesenheit gewisser negativer Merkmale beschreiben (Bengel & Jerusalem, 2009, S.50). Allerdings gilt es zu beachten, dass Gesundheit und Krankheit nicht einheitlich voneinander trennbar sind. Ihr Übergang ist fließend, denn Krankheit schließt Gesundheit nicht unmittelbar aus. Darüber hinaus ist Gesundheit ein soziales Konstrukt, sie wird abhängig von den Anforderungen und jeweils herrschenden Lebensvorstellungen einer Gesellschaft in einer bestimmten Epoche bestimmt (Faltermaier, 2005, S. 35).

Die Gesundheitspsychologie ist ein relativ junges Teilgebiet der Psychologie und hat sich erst 1978 als „Health Psychology" etabliert. Sie beschäftigt sich mit der Vorbeugung, der Behandlung und Rehabilitation von Krankheiten. Es existiert ebenfalls keine einheitliche Definition für die Gesundheitspsychologie, Ralf Schwarzer jedoch (2005) definiert die Gesundheitspsychologie mit „[...] der Analyse und Beeinflussung gesundheitsbezogener Verhaltensweisen des Menschen auf Individueller und kollektiver Ebene sowie mit den Grundlagen von Krankheit und Krankheitsbewältigung" (S.1).

1.2 Biopsychosoziales Krankheitsmodell

Die Grundlage der Verbindung zwischen Gesundheit und Psyche bildete das Biopsychosoziale Modell, vorher herrschte jedoch die Annahme dass, Köper und Psyche getrennt zu behandeln sind. Im 19. Jahrhundert entstand das biomedizinische Krankheitsmodell. Es liegt unserem Gesundheitsversorgungssystem zugrunde und ist prägend für viele existierende wissenschaftliche Theorien (Faltermaier, 2005, S. 45).Toni Faltermaier erklärt dass, dem Modell nach Krankheiten durch Störungen der Körperfunktionen entstehen und sich nur physikalisch messen lassen. Demnach sind Psyche und Körper getrennt zu behandeln. Somit kann keine psychische Ursache für eine physiologische Krankheit existieren (S.45). Das Biomedizinische Modell erhielt aus diesem Grund viel Kritik, denn psychische-, soziale- und Verhaltenskomponenten sollten miteinbezogen werden (S.46 -47). Johann Christian August beschrieb bereits 1811: „Die Person ist mehr als der bloße Körper, auch mehr als die bloße Seele: sie ist der ganze Mensch". Der Psychiater George Engels (1979) schlug daher das Biopsychosoziale Krankheitsmodell vor, in dem biologisches, psychisches und soziales, Teile eines zusammenhängenden Ganzen sind. Die Lebensumstände, die Psyche und weitere soziale Variablen ergänzen die vorerst nur physikalisch messbaren Indikatoren von Krankheiten. (Faltermaier, 2005, S. 47-48). Der Laienbegriff „Psychosomatische Krankheiten" ist daher nicht mehr haltbar, denn laut der Biopsychosozialen Medizin müssen in jedem Krankheitsprozess psychosoziale Faktoren kalkuliert werden und dies wiederspricht den Annahmen der Psychosomatik (Egger, 2005, S. 4).

1.2.1 Persönlichkeit und Krankheit

Als Risikofaktoren werden Determinanten bezeichnet, die das Risiko zu erkranken erhöhen (schneeweiß, S. 73). Es wird davon ausgegangen, dass es sich nicht um spezielle Ursachen handelt aus denen eine Krankheit auftritt, sondern diese durch die verschiedene Risiken bzw. die Risikofaktoren beeinflusst werden kann (Brinkmann, 2014, S. 37). Einige der bekanntesten Risikofaktoren sind das Rauchen, der Konsum von Alkohol und Übergewicht. Eine in dem Jahr 1959 durchgeführte Studie der Kardiologen Meyer Friedman und Ray Rosenman hatte weitreichende Konsequenzen für die bisherige Medizin. Das Ziel der Kardiologen war es vorauszusehen, welche Patienten im Laufe der Zeit eventuell an einer kardiovaskulären Herzerkrankung leiden könnten. Sie entdeckten an ihren Patienten typische Verhaltensweisen bzw. Persönlichkeitsmerkmale, die bei gesunden Patienten nicht auftraten. Sie erweiterten die physischen Faktoren wie hoher Blutdruck, Rauchen und hohe Blutfettwerte um Persönlichkeitsfaktoren. Ihre Vorhersagen verbesserten sich daher erheblich und sie identifizierten die Verhaltensmuster Typ A und Typ B. (Maltby et al., 2011, S. 855; Schwarzer, 2004,S. 125). Die Eigenschaftskonstellation, welche eine Herzkrankheit begünstigt, wird als Typ-A bezeichnet. Typ-B ist der Gegenpol und zeichnet sich durch die geringen Ausprägungen auf den Eigenschaften von Typ-A aus. In diesem Zusammenhang werden Persönlichkeitsmerkmale als Risikofaktoren verstanden, von Ihnen kann das gleiche Risiko ausgehen wie von den klassischen Risikofaktoren (Brinkmann, 2014, S. 132). Patienten, welche dem Typ-A zugeordnet werden, besitzen im Bezug auf körperliche Komponenten eine Laute Stimme, ein schnelles Ausdrucksvermögen und häufig eine angespannte Gesichtsmuskulatur. Bezüglich ihrer Einstellungen und Emotionen sind sie feindselig, ungeduldig und verspüren häufiger Aggression. Diese Faktoren wirken sehr negativ, dennoch werden dem Typen-A ebenfalls positive Merkmale wie eine hohe Leistungsmotivation, hohes Erfolgsstreben und Arbeitsengagement zugeschrieben (Friedman & Rosenman, 1974).

Die in dem Jahr 1975 durchgeführte Studie „Coronary Heart Disease in the Western Collaborative Group Study: Final Follow-up Experience of 8 1/2 Years" (Rosenman et al., 1975) hat die Korrelation zwischen den Typ-A-persönlichkeitsmerkmalen und der Wahrscheinlichkeit, eine koronare Herzkrankheit zu entwickeln, untersucht. Insgesamt wurden in der Studie 3.154 ursprünglich gesunde Männer in dem Alter zwischen 39 und 54 Jahren über einen Zeitraum von acht Jahren und sechs Monaten getestet. Das Ergebnis war eindeutig, Personen die dem Typ-A zugeschrieben wurden besaßen eine 1,9fach höhere Erkrankungsrate als die dem Typ-B zugeschriebenen. (Knoll, Scholz, Rieckmann, & Schwarzer, 2017, S. 120). Es besteht also ein eindeutiger Zusammenhang zwischen der Persönlichkeit und der Gesundheit bzw. einer Krankheit. Dennoch gibt es verschieden Annahmen und Wege, wie der Zusammenhang bestehen könnte. Ein Überblick der Zusammenhänge zwischen der Persönlichkeit und der Gesundheit bietet die Tabelle 1. Drei dieser Ansätze werden im Folgenden genauer beschrieben:

Mechanismen	Erklärung
Emotionale und kognitive Prozesse	Die Persönlichkeit kann durch physiologische Reaktionen und die damit verbundenen kognitiven und affektiven Prozessen die Gesundheit beeinflussen.
Verhaltensweisen	Eigenschaften der Persönlichkeit oder Verhaltensweisen, die einen direkten Einfluss auf die Gesundheit haben
	Die indirekte Beeinflussung der Gesundheit durch die Persönlichkeit

Selektion von Umwelt	Die Persönlichkeit kann durch die Selektion von Umwelteinflüssen die Gesundheit beeinflussen
Krankheitsverhalten	Die Persönlichkeit beeinflusst die Gesundheit über das jeweilig gezeigte Krankheitsverhalten, welches positiv oder negativ gerichtet sein kann und sich dementsprechend auswirken.

Tabelle 1 Kausale Einflüsse der Persönlichkeit auf die Gesundheit.
Quelle: eigene Darstellung in Anlehnung an Vollrath, 2006 & Weber, 2005 in Schütz, 2011 395-396

1.2.2 Beeinflussung durch Physiologische Reaktionen

Abbildung 1 Kausaler Einfluss der Persönlichkeit auf die Gesundheit
Quelle: Eigene Darstellung in Anlehnung an Suls & Rittenhouse 1990; Smith & Williams 1992 in Maltby et al., 2011, S. 853

Die Persönlichkeit kann die Gesundheit durch physiologische Reaktionen beeinflussen, welche in einer Beziehung zu kognitiven und affektiven Prozessen stehen. Wenn die Persönlichkeit als auf biologisch basierten individuellen Unterschieden betrachtet wird, kann die Persönlichkeit diesen direkten Einfluss auf Gesundheit und Krankheit sowie die Anpassung an diese beeinflussen. Der Einfluss geschieht insbesondere bei habituellen Verhaltensweisen, welche geübt und automatisiert sind und dementsprechend regelmäßiger bzw. häufiger ausgeführt werden. Asthma und Magengeschwüre sind klassische Beispiele des kausalen Einflusses den die Persönlichkeit auf die Gesundheit haben kann, dennoch spielen außerdem noch individuelle Unterschiede bezüglich der Stressneigung oder Stressbewältigung eine Rolle (Vollmann & Weber, 2011, S. 395) (Maltby et al., 2011, S. 851)

1.2.3 Beeinflussung durch Verhaltensweisen

Abbildung 2 Beeinflussung der Gesundheit durch Verhaltensweisen
Quelle: Eigene Darstellung in Anlehnung an Suls & Rittenhouse 1990; Smith & Williams 1992 in Maltby et al., 2011, S. 853

Vollmann und Weber (2011) erklären, dass bestimmte Persönlichkeitsmerkmale mit Verhaltensweisen einhergehen, welche sich direkt oder indirekt auf die Gesundheit auswirken können. Direkte Einflüsse von Verhaltensweisen sind der Konsum von Alkohol, ungesunder Lebensmittel oder Zigaretten (S. 395). Individuen, die ein hohes Bedürfnis nach neuen und aufregenden Erfahrungen haben, können bspw. eher dazu neigen illegale Drogen zu konsumieren (Maltby et al., 2011, S. 852). Das Fünf-Faktoren-Modell von Kosta und McCrae bestand ursprünglich aus drei Faktoren: Neurotizismus, Extraversion/Introversion und Offenheit für Erfahrungen. Diese drei Faktoren wurde um zwei weitere ergänzt und damit entstand die „Fünffaktorielle" Struktur. Auf den Faktoren lassen sich Individuen je nach ihrer Ausprägung platzieren (Maltby et al., 2011, S. 322). Goldberg bezeichnete sie als die „Big Five" , um zu verdeutlichen dass die Faktoren sehr breite Aspekte der Persönlichkeit auf einem hohen Abstraktionsniveau beschreiben (Goldberg ,1981, S.159; Stemmler, Hagemann, Amelang & Spinath, 2016, S. 295). Die Gewissenhaftigkeit ist eine der fünf Hauptdimensionen und geht mit den Persönlichkeitsmerkmalen Kompetenz, Pflichtbewusstsein, Selbstdisziplin und Besonnenheit einher. Die jeweiligen zur Hauptdimension zugehörigen Persönlichkeitseigenschaften werden auch als „Facetten" bezeichnet (Maltby et al., 2011, S. 323). Aufgrund der Beziehung zwischen den Facetten und dem jeweilig verbundenem Gesundheitsverhalten, kann die Lebensdauer positiv beeinflusst werden.

1.2.4 Persönlichkeitsveränderungen als Folge von Krankheit

Abbildung 3 *Persönlichkeitsveränderung als Folge von Krankheit*
Quelle: Eigene Darstellung in Anlehnung an Suls & Rittenhouse 1990; Smith & Williams 1992 in Maltby et al., 2011, S. 853

Bestimmte Persönlichkeitseigenschaften können ein Individuum zu Verhaltensweisen veranlassen, welche das Risiko eine Erkrankung zu entwickeln erhöhen.

Eine Erkrankung kann eine Veränderung der Persönlichkeit hervorrufen, indem zum Beispiel ein chronischer Schmerz den Kontakt zu anderen Menschen verhindert, da das Wohlbefinden dabei eine wichtige Rolle spielt (Maltby et al., 2011, S. 852). Weiterhin kann die umgekehrte Wirkrichtung einer Krankheit vor der Entdeckung dieser aufgrund hormoneller oder physiologischer Veränderung die Persönlichkeit beeinflussen (Schütz, Brand, Selig, & Lautenbacher, 2015, S. 394).

1.2.5 Gesundheitsrelevante Persönlichkeitsmerkmale

Im Folgenden werden gesundheitsrelevante Persönlichkeitsmerkmale beschrieben und zwei von ihnen werden detaillierter erläutert.

Gesundheitsrelevante Persönlichkeitsmerkmale lassen sich in Schutz- und Risikofaktoren einteilen. Risikofaktoren, welche die Entwicklung von Krankheiten beschleunigen oder begünstigen, werden von der Psychosomatik erforscht. Hingegen werden Schutzfaktoren, auch personale Ressourcen genannt, welche die Entwicklung von Krankheiten vorbeugen oder gesundheitserhaltend wirken, von der Stressforschung erforscht. Es wird unterschieden zwischen kognitiven und affektiven Merkmalen. Ersterem werden habituelle Erwartungen, Einschätzungen und Überzeugungen zugeschrieben und den affektiven Merkmalen, das Erleben und die Regulation von Emotionen (Schütz et al., 2015, S. 295–396).
Gesundheitsrelevante Persönlichkeitsmerkmale sind:

- Stressbewältigung
- Soziale Unterstützung und wahrgenommene soziale Unterstützung
- Optimismus
- Kontrollüberzeugung
- Selbstwirksamkeit
- Kohärenzsinn
- Neurotizismus
- Typ-A-Muster
- Emotionsregulation (Becker, 2014, S. 27–47)

1.3 Optimismus

Optimismus kann im Sinne einer „[...] globalen zuversichtlich-hoffnungsvollen Lebenseinstellung als protektives Merkmal einer Person gelten." (Faltermaier, 2005, S. 158). Um kritischen Ereignissen gerecht zu werden ist es notwendig die Situation richtig zu interpretieren und zu verstehen. Es sollte eine realistische Einschätzung des Ereignisses stattfinden und die positiven Seiten dessen hervorgehoben werden. Ist die Einschätzung jedoch von Pessimismus geprägt, kann dies zu einer emotionalen Beeinträchtigung und zu wenig konstruktivem Verhalten führen (Schwarzer, 2004, S. 6). Dabei darf das Individuum jedoch nicht von der Realität abweichen. Es sollten lediglich die positiven Aspekte in ein „besseres Licht" gestellt werden und keine Aspekte hinzugefügt werden. Peterson, Seligman und Vaillant haben eine Längsschnittstudie durchgeführt (1988), die einen Zeitraum von 35 Jahren umfasst und bestätigt, dass ein pessimistischer Interpretationsstil zwei bis drei Jahrzehnte später zu einem schlechterem Gesundheitszustand führen kann (Peterson, Seligman, & Vaillant, 1988, S. 26). Optimismus, in der Hinsicht auf Erfolg veranlasst die Person trotz Schwierigkeiten weiterhin zu versuchen, die Situation zu bewältigen. Es steht in Verbindung zu aktiven und ansatzorientierten Bewältigungsstrategien, welche sie das Problem auf direktem Wege angehen und alternative Denkweisen gegenüber dem Problem generieren lassen. Daraus folgend ist es möglich dass Optimisten eher dazu neigen, präventive Verhaltensweisen auszuführen, anstatt erst nach dem Eintreffen des Problems zu reagieren (Scheier & Carver, 2018, S. 1087–1088). Eine weitere Möglichkeit, wie sich Optimismus positiv auf die Gesundheit auswirken kann, ist durch die Auswirkung von Optimismus auf Stress bzw. Stress Coping. Optimisten nehmen schwierig erscheinende Situationen anders Wahr und spüren dadurch verminderten bzw. keinen Stress (Scheier & Carver, 2018, S. 1988–1089). Wie Segerstrom (2005) entdeckte, ist der positive Einfluss von Optimismus abhängig von den jeweiligen Lebensumständen, in denen sich das Individuum zu dem Zeitpunkt befindet. Die in der Studie befragten Jura Studenten zeigten, dass sich Optimismus in Situationen welche kontrollierbar und mit möglichst wenigen Stressfaktoren stattfanden, positiv auf das Immunsystem auswirkte. Situationen, die den Studenten Schwierigkeiten oder Stress bereiteten, wirkten sich bei behaltenem Optimismus negativ auf das Immunsystem aus (Segerstrom, 2006, S. 656). Ein üblicherweise als positiv angesehenes Persönlichkeitsmerkmal kann also ebenfalls schlechte Auswirkungen auf die Gesundheit haben.

1.3.1 Kohärenzsinn

Die Entwicklung des theoretischen Konstrukts des Kohärenzgefühls von Antonovykys beginnt mit der Salutogenese. Die Salutogenese beschäftigt sich nicht mit Gesundheitsrisiken oder gesundheitsschädlichen Einflüssen, sondern mit dem gegensätzlichen, den gesundheitsförderlichen Kräften (Brinkmann, 2014, S. 34). Das Kohärenzgefühl wird als eine „Globale Orientierung" bezeichnet, welche sich als eine umfassende handlungsrelevante Sichtweise der Welt ausrückt und daher nicht spezifische Einstellungen einer Person darstellt (Faltermaier, 2005, S. 165). Definitionsgemäß drückt die Globale Orientierung aus, in welchem Maße eine Person ein durchgehendes und überdauerndes Gefühl der Zuversicht bezüglich der Zukunft verspürt. Die Zuversicht beschreibt, in welchem Maße sich Personen bewusst sind, dass Ereignisse der inneren und äußeren Umwelt im Laufe des Lebens strukturiert, vorhersehbar und erklärbar sind. Ebenfalls gilt die Zuversicht bezüglich der verfügbaren Ressourcen, um die jeweiligen Anforderungen zu bewältigen. Auf diese Weise vermittelt das Kohärenzgefühl zwischen den Ressourcen und spezifischem Bewältigungsstrategien, um mit den Stressoren geeignet umzugehen und reagieren daher weniger mit Risikoverhalten, wie der Konsum von Zigaretten oder Alkohol (Faltermaier, 2005, S. 166; Wirtz & Strohmer, 2017, S. 904). Das Gefühl der Kohärenz wirkt sich ebenfalls darauf aus in welchem Maße Stressoren eingeschätzt werden, denn Menschen mit einer hohen Ausprägung des Gefühls tendieren dazu, sie nicht als Stressoren wahrzunehmen. Ebenfalls tendieren Menschen mit einer hohen Ausprägung der Kohärenz dazu, die wahrgenommenen Stressoren als weniger bedrohlich für das Wohlbefinden anzusehen. Aufgrund des angemessenen Umgangs mit den

Stressoren wird die Entstehung von Stress verhindert und ebenfalls die damit verbundenen negativen Auswirkungen. Dementsprechend sind die Einflüsse des Kohärenzgefühls indirekt und lassen sich nicht als eine allgemeine Ressource oder Coping-Stil bezüglich der Gesundheit verstehen (Faltermaier, 2005, S. 167–168)

1.3.2 Anwendungsbeispiel: Betriebliches Gesundheitsmanagement

„Die Art und Weise, wie eine Gesellschaft die Arbeit, die Arbeitsbedingungen und die Freizeit organisiert, sollte eine Quelle der Gesundheit und nicht der Krankheit sein." (Ottawa Charter for Health Promotion, 1986, S. 3). Diese Annahme der WHO findet Übereinstimmung mit der des betrieblichen Gesundheitsmanagements (BGM). Das BGM beschäftigt sich mit der bewussten Gestaltung betrieblicher Strukturen und Prozesse, dessen Ziel es ist, die Gesundheit und das Wohlbefinden der Mitarbeiter aufrecht zu erhalten und zu fördern. Die jeweiligen Maßnahmen dienen nicht nur zur Verbesserung des Wohlbefindens von den Mitarbeitern, sondern wirken sich außerdem positiv auf betriebswirtschaftliche Kosten aus (Wirtz & Strohmer, 2017, S. 282–283).

Aufgrund dessen, dass Optimismus in Verbindung zu ansatzorientierten Bewältigungsstrategien und alternativen Denkweisen steht, kann dieser sich in Betrieben positiv auswirken. Indem die Mitarbeiter frühzeitig präventive Verhaltensweisen gegen mögliche Erkrankungen unternehmen, wodurch die Abwesenheit der Mitarbeiter ggf. verringert werden kann. Weiterhin wirkt sich Optimismus, wie bereits in Kapitel 1.3.1 verdeutlicht, lediglich positiv auf das Immunsystem aus, wenn die gegebenen Umstände kontrollierbar und ohne Stress von statten gehen. Demnach kann es förderlich sein, Stressbewältigungsstrategien und Entspannungstechniken an die Mitarbeiter zu vermitteln. Ebenfalls gilt der Optimismus neben Emotionssteuerung, Impulskontrolle, Kausalanalyse, Selbstwirksamkeitsüberzeugung und Zielorientierung zu einer der sieben Säulen der Resilienz. Die Entwicklung dieser ist ein Prozess, welcher aus Person-Umwelt-Interaktionen resultiert und stellt ebenfalls im Arbeitskontext eine wichtige Ressource dar. Diese sogenannte individuelle Resilienz geht mit einer höheren Arbeits- und Lebenszufriedenheit einher. Demnach ist es sinnvoll, Maßnahmen zu unternehmen und diese zu erhöhen. Des Weiteren gehört Optimismus neben Emotionssteuerung, Impulskontrolle, Kausalanalyse, Selbstwirksamkeitsüberzeugung und Zielorientierung zu den sieben Säulen der Resilienz. Die Resilienz „[...] beschreibt den Einfluss mentaler Prozesse und des Verhaltens, um die persönliche Stärke zu fördern und das Individuum vor möglichen negativen Konsequenzen von Stressoren zu schützen.". Demnach ist es sinnvoll, Maßnahmen zur Erhöhung der Resilienz zu fördern, diese werden in Tabelle 2 erklärt. (Kauffeld, 2019, S. 333–335).

Beispiele zur Erhöhung der Individuellen Resilienz	Möglichkeiten
Trainings in Anlehnung an das Zürcher Ressourcen Modell	- „Motto-Ziel" entwickeln das sowohl intrinsische Bedürfnisse als auch Motive enthaltet und somit die Umsetzung des selbstgewählten Ziels erleichtert u
(ressourcenorientierter Selbstmanagement-Ansatz zur Optimierung der Individuellen Handlungssteuerung)	- während es Trainingsprozesses auf umsetzungshindernde Faktoren und umsetzungsförderliche Ressourcen eingehen, diese werden auf schwierige Situationen im Alltag übertragen
Road to Resilience (Broschüre zur Erhöhung der Resilienz, herausgegeben von der American Psycho- logical Association)	- Strategien zum Aufbau und Erhalt der Resilienz: „10 Ways to Build Resilience"
(Broschüre zur erhöhung der Resilienz)	
Ausgewählte sog. Resilienz-Booster-Methoden	- Influenceradar: Einschätzung des möglichen Einflusses auf eine Situation in drei Ebenen, da oftmals eine Situation als nicht veränderbar eingeschätzt wird
	- influenceradar hilft die Situation und eigenen Möglichkeiten besser zu reflektieren

Tabelle 2 Möglichkeiten zur Erhöhung der Resilienz.
Quelle: eigene Darstellung in Anlehnung an American Psychological Association, 2014, S. 2; Kauffeld, 2019, S. 336

Des Weiteren kann ein hohes Maß an Kohärenz die Anpassung in Betrieben verbessern, indem dem Individuum bewusst ist, dass der Umgang mit dem Stressor lohnenswert ist und der jeweilige Stressor als Herausforderung angesehen wird (Strauser & Lustig, 2003, S. 132). Das Kohärenzgefühl ist nicht nur relevant für den Umgang mit Stressoren, sondern hat auch einen positiven Einfluss auf die Gewinnung von Ressourcen und diese wiederrum auf das Engagement im Beruf. Außerdem wurde festgestellt, dass der Kohärenzsinn zukünftige Ressourcen vorhersagen kann. Es werden Ressourcen im Arbeitsumfeld einfacher wahrgenommen und bewertet. Weiterhin erhöht sich das Kohärenzgefühl durch genügend zur Verfügung gestellten Arbeitsressourcen und dadurch steigt die Wahrscheinlichkeit, dass die Mitarbeiter mehr Ressourcen in ihrem Arbeitsumfeld aktivieren. Dies bedeutet, dass eine persönliche Ressource die Beziehung zwischen beruflichen Ressourcen und Arbeitsengagement verbessern könnte. Die Studie bestätigt, dass ein einfallsreiches Arbeitsumfeld dazu beitragen kann, das Kohärenzgefühl der Mitarbeiter zu erhöhen und die Anschaffung zusätzlicher Arbeitsressourcen erleichtert. Dies wiederum führt zu positiven Ergebnissen wie erhöhtes Engagement der Mitarbeiter (Vogt, Hakanen, Jenny, & Bauer, 2015, S. 1–11).

2 Aufgabe B2

2.1 Selbstwirksamkeit

Die Selbstwirksamkeitserwartung wird definiert als eine Überzeugung in die individuellen Fähigkeiten, neue oder schwierige Anforderungssituationen bewältigen zu können. Die Selbstwirksamkeit ist eine optimistische Erwartung an die persönliche Handlung. Sie ist eine Art von Vertrauen in die eigenen Kompetenzen eine Handlung zu beginnen und diese auch zu beenden „[...], indem Barrieren durch hartnäckige Zielverfolgungsstrategien überwunden werden". Der Glaube oder jegliche Zweifel an die Selbstwirksamkeit kann sich auf den Verlauf von Reaktion und Ausdauer, sowie auf die Art wie die eigene Leistung eingeschätzt wird, auswirken (Bandura, 1997, S. 3; Bengel & Jerusalem, 2009, S. 61). Bandura (1997) beschreibt, dass die Selbstwirksamkeit von dem Selbstwertgefühl abgegrenzt werden muss. Die Selbstwirksamkeit bewirkt die Einschätzung der eigenen Kompetenzen und Fähigkeiten. Das Selbstwertgefühl jedoch betrifft die Einschätzung des persönlichen Selbstwerts (S.11). Des Weiteren unterscheidet Bandura zwischen den Wirksamkeitseinschätzungen und Ergebniserwartungen. Die Wirksamkeitseinschätzung bezeichnet die Beurteilung der persönlichen Fähigkeiten bezogen auf eine Situation, wohingegen die Ergebniserwartung die jeweiligen erwarteten Folgen des persönlichen Handelns betrifft (S.21-22).

2.1.1 Quellen der Selbstwirksamkeit

Die Selbstwirksamkeit ist eine wichtige Voraussetzung für die Regulation von Handlungen. Sie setzt sich aus vier grundlegenden Quellen zusammen und werden in einer Rangfolge nach Stärke ihres Einflusses sortiert (Bengel & Jerusalem, 2009, S. 65).

Enactive mastery experience
(Wohldosierte Erfolgserfahrungen)
Vicarious experience
(Stellvertretende Erfahrungen durch Beobachtung von Verhaltensmodellen)
Verbal Persuasion
(Überredung oder Zuspruch bezüglich des Vertrauens in die eigenen Kompetenzen)
Physiological and affective states
(Wahrnehmung eigener Gefühlserregung)

Tabelle 3: Quellen der Selbstwirksamkeit
Quelle: Eigene Darstellung in Anlehnung an (Bengel & Jerusalem, 2009, S. 64–65.; Bandura, 1997 S.79-110)

2.1.2 Erfolg oder Misserfolg

Erfolg bildet eine wichtige Grundlage der persönlichen Wirksamkeit und fördert das Selbstwirksamkeitsgefühl. Demnach bildet es eine der wichtigsten Quellen der Selbstwirksamkeit. Misserfolg schadet der Selbstwirksamkeit, vor allem wenn dies vor der vollständigen Etablierung des Selbstwirksamkeitsgefühls geschieht. Laut Bandura ist es nicht nur wichtig Aufgaben erfolgreich abzuschließen, sondern müssen diese durch Mühe und Ausdauer erreicht werden. Hingegen lassen einfach erreichte Ziele die Person immer schnelle Ergebnisse erwarten und sich schnell von Misserfolgen entmutigen. Dennoch bewirkt Misserfolg ein Verständnis darüber, dass Erfolg nur durch Ausdauer erreicht werden kann. Ebenfalls bietet es eine Möglichkeit zu lernen wie mit Misserfolg umgegangen werden sollte um, diesen in Erfolg zu verwandeln (Bandura, 1997, S. 80). Zum Beispiel ist es wichtig, mit Teilnehmern eines Selbstwirksamkeitstrainings sog. Nahziele zu setzen und ihnen Bewältigungsstrategien zu vermitteln. Die Strategien beinhalten das Lernen von unbekannten Aufgaben sowie den Umgang mit sich selbst. Die jeweiligen Erfolge werden durch das Setzen von Nahzielen richtig interpretiert und als auf die eigenen Fähigkeiten beruhend verstanden. Die gesetzten Nahziele der Teilnehmer können zunächst den Charakter von Empfehlungen tragen, die Teilnehmer sollen jedoch dadurch im Anschluss dazu fähig sein selbstregulativ Nahziele zu setzen, welche gleichzeitig erreichbar und dennoch herausfordernd seien sollten (Bengel & Jerusalem, 2009, S. 65).

2.1.3 Beobachtungen von Verhaltensmodellen

Stellvertretende Erfahrungen dienen ebenfalls der Selbstwirksamkeit. Die jeweils beobachteten Modelle sollten der Person bezüglich des Alters, Erfahrungen oder sonstigen Attributen ähneln. Distanzen wie zu Lehrern, Sportlern oder Schauspielern würden einen Sozialen Vergleich erschweren. Es sollte ein Modell ausgewählt werden, welches deutlich kommuniziert wie es mit einem Problem umgeht und die „einzelnen Schwierigkeitsstufen durch Selbstregulation überwindet." (Bengel & Jerusalem, 2009, S. 65; Brinkmann, 2014, S. 81). Laut Bandura bewirkt die Beobachtung die Denkweise „was sie kann, kann ich auch!" (Bandura, 1997, S. 87), hierbei handelt es sich um die

Wahrnehmung eigener Ressourcen und auf die optimistische Interpretation von Ereignissen (Bengel & Jerusalem, 2009, S. 65). Möchte beispielshaft eine Person mit einer Diät beginnen, kann sie sich eine Person als Vorbild aussuchen die bereits einige Wochen eine Diät erfolgreich durchführt. Wichtig hierbei ist es, dass die Person die Diät noch nicht angeschlossen hat, sondern damit nur einige Wochen im Voraus ist.

2.1.4 Überredung

Die dritte Quelle der Selbstwirksamkeit ist im Vergleich schwach, sie lässt sich von jemandem der Autorität ausstrahlt ausführen und kann, wenn dies nicht der Fall ist, das Gegenteil bewirken. Des weiteren kann ein Freund oder ein Coach der jeweiligen Person zusprechen, sie davon überzeugen, Vertrauen in die persönlichen Kompetenzen zu entwickeln. Ein Beispiel wäre „Du schaffst das problemlos!" (Bengel & Jerusalem, 2009, S. 65–66; Brinkmann, 2014, S. 81). Die jeweilig gewählten Worte unterstützen die Selbstwirksamkeit nur indirekt, denn sie steigern lediglich die wahrgenommene Wirksamkeit der Handlung. Es unterstützen sie bei der Verhaltensveränderung, jedoch nur wenn es sich um ein realistisches Ziel handelt. Werden unrealistische Äußerungen getätigt, kann dies in Misserfolgen resultieren. Grundlegend bewirken die Zusprüche, dass die jeweilige Person mehr Anstrengungen unternimmt und diese beibehält, um die jeweilige Aufgabe zu bewältigen (Bandura, 1997, S. 101).

2.1.5 Wahrnehmung persönlicher Gefühlserregung

Laut Bandura (1997) tendieren Individuen dazu, sich teilweise auf somatische Informationen zu verlassen, denn sie sind besonders relevant in Situationen welche Anforderungen, die Gesundheit und den Umgang mit Stress betreffen. Die Wahrnehmung von Emotionen lassen dem Individuum Rückschlüsse darauf geben, ob es genügend Handlungsressourcen zu Verfügung hat und Menschen erwarten eher Erfolg, wenn sie keine physische Erregung spüren (S.106). Somit schließt die Person von ihrem emotionalen Erregungszustand auf die Selbstwirksamkeit. Ein Individuum könnte vor einer Prüfung einen emotionalen

Erregungszustand wahrnehmen, wie Herzklopfen oder übermäßiges Schwitzen und darauf schließen, dass die Kompetenzen nicht ausreichen(Bengel & Jerusalem, 2009, S. 67). Dies kann anschließend zu Nervosität oder Panik führen.

2.1.6 Multidimensionale Verarbeitung der Selbstwirksamkeitsquellen

Bandura beschreibt, dass die Quellen der Selbstwirksamkeit abgewogen und integriert werden müssen. Die Gewichtung zwischen den Quellen und den Informationen kann aufgrund der jeweiligen Anforderungssituation variieren, die Indikatoren bezüglich kognitiver oder physischer Fähigkeiten werden demnach aus den verschiedenen Quellen ausgewählt. Die Weise, wie die jeweiligen Indikatoren aus den Quellen kombiniert werden, kann ebenfalls variieren. Dies führt zu einer Art von Konzept über die Persönliche Selbstwirksamkeit. Die Kombinationen können multiplikativ, additiv oder auf eine persönliche Weise, gemacht werden (Bandura, 1997, S. 114–115).

2.2 Anwendungsbeispiel Bachelorthesis

Die Bachelor-Thesis dient zur Feststellung der Kenntnisse und beruflichen Qualifikationen der Studierenden, am Ende ihres Studiums. Es sollen Inhalte und Zusammenhänge verstanden werden, wissenschaftliche Methoden angewendet werden können und die für den Beruf notwendigen Kenntnisse bewiesen werden. „In der Regel handelt es sich also um eine theoretisch fundierte und praxisbezogene, schriftliche Arbeit aus dem inhaltlichen Spektrum Ihres Studiums [...]." (Knoke, 2016). Die Bachelorthesis birgt viele Anforderungen in der Defizite bezüglich der Motivation, dem Durchhaltevermögen und dem Vertrauen in die eigenen Kompetenzen negative Auswirkungen haben können. Die Selbstwirksamkeit spielt eine wichtige Rolle, denn ist der Studierende nicht überzeugt von den Kompetenzen die er im Laufe des Studiums sammeln konnte, so kann sich dies negativ auf seine Handlungsqualität auswirken. Je höher der Einfluss der akademischen Fertigkeiten auf die Selbstwirksamkeit ist, desto höher ist der Einfluss der Selbstwirksamkeit auf die akademische Leistung (Bandura, 1997, S. 216).

Personen mit einer hohen Selbstwirksamkeit sehen Anforderungssituationen als realisierbar, hingegen sehen Menschen mit einer niedrigen Selbstwirksamkeit eher die riskanten Aspekte und visualisieren Fehlschläge anstatt Erfolg. Des Weiteren wirkt sich die Selbstwirksamkeit darauf aus, wie Personen jeweilige Situationen und den daran beteiligten Szenarien konstruieren (Bandura, 1997, S. 116–117). Diese Aspekte sind wichtig in einer Bachelor Arbeit, denn der Student muss sich vorher bewusst sein wie seine Bachelor-Thesis zum Schluss aussehen soll, ein Architekt sieht ebenfalls ein Gebäude vorher durch seine innerer Vorstellungskraft, bevor er ein Konzept entwirft.

Die im Laufe des Studiums absolvierten Aufgaben wie Klausuren, Hausarbeiten oder Präsentationen können als Nahziele verstanden werden. Dadurch kann der Student rückblickend auf seine Erfolge, sein Selbstwirksamkeitsgefühl stärken und dadurch hat er auch die notwenigen Fähigkeit erworben, um die Bachelor-Thesis zu verfassen. Empfindet der Student eine negative Haltung die auf persönlichen Defiziten beruht, kann dies seine Motivation untermauern und der Student muss versuchen sein Ziel zu erreichen, während die dadurch vorhandene Selbstzweifel dies erheblich erschweren (Bandura, 1997, S. 117). Bezogen auf die zweite Quelle der Selbstwirksamkeit, können Kommilitonen als *Modell* dienen, denn sie ähneln ihnen in vielen Hinsichten und ein sozialer Vergleich ist möglich. Dadurch können Hilfestellungen von Kommilitonen gegeben werden und wie bereits vorher erklärt wurde, der Gedanke „was sie kann, kann ich auch!" (Bandura, 1997, S. 87), kann dadurch entstehen. Die Wahrnehmung der Ressourcen anderer, kann ebenfalls dazu führen die persönlichen Ressourcen wahrzunehmen und diese in Gang zu setzen. Da die Bachelorthesis üblicherweise von einem Professor betreut wird, kann sich positives Feedback von ihnen fördernd auf die Selbstwirksamkeit auswirken. Hierbei handelt es sich um *Zuspruch*, die dritte Quelle Banduras bezüglich der Selbstwirksamkeit. Wie bereits vorher erläutert spielt die Autorität der jeweiligen Person eine wichtige Rolle bezüglich der Akzeptanz des Zuspruchs. Da gerade ein Professor eine hohe Autorität trägt, wirkt dessen Einfluss und das Selbstwirksamkeitsgefühl wird gestärkt. Durch weitere Zusprüche von Familie und Freunden kann die Wahrnehmung der persönlichen Kompetenzen ebenfalls erhöht werden und die Bachelorthesis kann mit einer höheren Sicherheit in die eigenen Fertigkeiten bearbeitet werden. Die vierte Quelle Banduras beruht auf emotionalem und physiologischem Feedback, welches der Student wahrnimmt und dadurch auf seine Kompetenzen schließen kann. Fühlt der Student nun zu Beginn seine Bachelorthesis Nervosität oder Ängstlichkeit, kann dies dazu führen, dass er an seinen Kompetenzen zweifelt. Es ist jedoch wichtig, wie der Student die jeweiligen Emotionen interpretiert. Diese Interpretation beruht auf der in der Vergangenheit gemachten Erfahrung mit der Emotion und wie diese sich jeweilig auf die Leistung auswirkt. Bandura beschreibt, dass es sich nicht grundlegend um die Erregung handelt, sondern um das Level bzw. die Stärke, in der sie auftritt. Eine mäßige Erregung erhöht die Aufmerksamkeit und die Entwicklung von Fähigkeiten, wohingegen sich eine sehr hohe Erregung negativ auf die Leistung auswirken kann. Laut Bandura ist das optimale Level abhängig von der Komplexität der Aufgabe, einfache oder gut geübte Aufgaben lassen sich nicht so einfach durch eine Erregung stören (Bandura, 1997, S. 108). Demnach kann sich eine leichte Nervosität positiv auf das Schreiben der Bachelorthesis auswirken. Jedoch kann Nervosität oder Panik die Leistungsfähigkeit immens verringern, dies kann anschließend zu Konzentrationsmangel und Stress führen. Der Studierende sollte sich frühzeitig mit Stressbewältigung und möglichen Lösungsansätzen beschäftigen.

3 Aufgabe 3

3.1 Stress - Begriffserklärung

„[....] teilweise kann dadurch der falsche Eindruck entstehen, als sei alles Unangenehme im Leben Stress und als würde zu viel Stress automatisch krank machen." (Faltermaier, 2005, S. 73) Stress ist eindeutig ein Modewort geworden (Brinkmann, 2014, S. 185), die Aussage „ich habe Stress" wird beinahe automatisch im Falle einer Verspätung, vieler zu erledigender Aufgaben oder anderer etwaiger unangenehmer Probleme genutzt. Hans Selye ist der Begründer der modernen Stressforschung. Er entdeckte, dass

Tiere in verschiedenen sozialen und umweltbedingten Stressoren, zu körperlichen Veränderungen und Krankheiten tendieren und bezeichnete dies als „Allgemeines Adaptionssyndrom" (Wittchen & Hoyer, 2011, S. 583).Die WHO beschreibt Stress einerseits als die Anforderungen, welche auf eine Person einwirken, dem Gegenüber stehen Wissen und Fähigkeiten diese zu bewältigen. Die Person wird daraufhin aufgefordert, jeweilige Möglichkeiten zu nutzen um die Anforderungen zu bewältigen. Wichtig ist es zu beachten, dass Druck oder Herausforderungen nicht unmittelbar Stress sind, jedoch kann es zu Stress führen, dies wiederum ist abhängig von den vorhandenen Ressourcen und persönlichen Eigenschaften einer Person. (Leka, Cox, & Griffiths, 2003). Im allgemeinen Sprachgebrauch wird Stress als eine subjektiv unangenehm empfundene Situation bezeichnet, unterschieden wird hier zwischen *Distress* und *Eustress. Distress* bezeichnet, den negativen Einfluss wie Nervosität, Anspannung oder Unruhe, dieser führt außerdem nachweislich zu somatischen Schädigungen.

Eustress hingegen bezeichnet den Positiven Anregenden und angenehmen Stress, aus dem keine Physischen oder Psychischen Beschwerden entstehen können (Wirtz & Strohmer, 2017, S. 1500). Stress bietet demnach auch etwas positives, indem es durch Energiemobilisierung die persönliche Entwicklung vorantreiben kann. Wenn der Stress, in diesem Falle der *Eustress,* als eine Herausforderung gesehen wird und drauf folgend Unterbrechungen im Auftreten dieser stattfinden, wirkt der Stress nicht schädlich (Wittchen & Hoyer, 2011, S. 32).

Grundlegend lässt sich Stress im negativen Sinne, als einen vermeintlichen Kontrollverlust der Emotionen von Bedrohung und Hilfslosigkeit bezeichnen.
Es handelt sich um ein Reaktionsmuster eines Organismus, welches durch Stimulus Ereignisse in ein Ungleichgewicht gerät. Die Fähigkeiten einer Person werden hierbei von den Stressoren stark beansprucht. Stressoren bezeichnen externe und interne Situationen, die von dem Organismus eine Art Anpassungsreaktion erfordern, wie die Vorverlegung eines Termins als externe Ursache.
(Gerrig & Zimbardo, 2018, S. 468; Wittchen & Hoyer, 2011, S. 33) Vorerst spielen sich die Reaktionen des Körpers auf den Ebenen der Emotion, der

Kognitionen, des Körpers und des Verhaltens ab. Die Reaktionen können als Nervosität, Antriebslosigkeit, Gefühle der Überforderung oder Unsicherheit auftreten, versucht das Individuum diese unmittelbar zu bewältigen so kann dies in einer inadäquaten Stressbewältigung resultieren, wie einer erhöhten Konfliktbereitschaft oder dem Konsum von Alkohol. Andauernder Stress kann zu Erschöpfungszuständen und der Entwicklung Psychischer Störungen führen (Brinkmann, 2014, S. 188–189).

3.2 Transaktionales Stressmodell nach von Lazarus und Folkman

Ursprüngliche Stresstheorien nahmen an, dass bloße Veränderungen im Leben des Individuums für diese zur Belastung werden, die jeweiligen Autoren bezeichneten diese als „Critical life events" wobei es keine Rolle spielte ob die Lebensereignisse von den Personen als positiv oder negativ eingeschätzt wurden. Personen werden in diesem Modell als „passive Opfer von situativen Umständen" angesehen, denn es werden die Individuellen Unterschiede bei der Wahrnehmung der Stressoren vernachlässigt. Lazarus beobachtete jedoch, dass „objektiv" gleiche Reizkonstellationen bei einigen Individuen Distress verursachte, wiederum bei einigen Eustress und manche überhaupt nicht davon beeinflusst wurden. Nach diesem Stressmodell verursacht eine Situation erst Stress, wenn diese von einem Individuum als diese bewertet wurde und sie nicht ohne weiteres bewältigen kann. Das kognitiv-transaktionale Stressmodell wurde daher als kognitiv bezeichnet, es handelt sich hierbei um die Individuelle Interpretation der Situation und Wahrnehmung der Situation. Die Bezeichnung Transaktion wurde gewählt, da es sich um ein Zusammenspiel zwischen der Umwelt und dem Individuum handelt, also den Reizgegebenheiten und den Kognitionen des Individuums über die Reizgegebenheiten. Beide entwickeln sich stetig weiter und dadurch verändert sich ebenfalls auch ihr Zusammenspiel miteinander. Laut des Modells steht am Anfang jeder Stressepisode die Primärbewertung (Situationseinschätzung), das Individuum schätzt dabei ein inwiefern diese relevant für das persönliche Wohlbefinden ist. Die jeweiligen Situationen werden anhand Charakteristiken beurteil welche die Vorhersagbarkeit, Kontrollierbarkeit und zeitliche Erstreckung betreffen. Die

Sekundärbewertung (Ressourceneinschätzung) findet laut Lazarus meist parallel statt, können aber ebenfalls in unterschiedlichen Sequenzen ablaufen. Während der Sekundärbewertung, gleicht das Individuum die vorhandenen Persönlichen Ressourcen mit der Situationsanforderung ab. Die Einschätzung der eigenen Ressourcen, wird beeinflusst durch Motive, Ziele, Wertvorstellungen und Erwartungen des Individuums. Abhängig davon wie beide Bewertungen ausfallen, entsteht die subjektiv wahrgenommene Stressepisode und das Individuum empfindet es entweder als einen Schaden/Verlust, eine Bedrohung oder eine Herausforderung. Die Einschätzung der Situation hängt maßgeblich davon ab, in wie weit die Person denkt die jeweilige Situation kontrollieren zu können. Wenn das Individuum jedoch keinen Stress entwickelt, empfindet er es als Gewinn oder es ist ihm gleichgültig. Abhängig von der getroffenen Einschätzung können verschiedene Emotionen und Bewältigungsstrategien entstehen. Schaden oder Verlust sollte in diesem Falle, falls er irreversibel ist, zu Traurigkeit führen. Eine Bedrohung könnten zu Gefühlen der Angst führen, Herausforderungen jedoch führen noch nicht zu Angst, da die Möglichkeit eines Erfolges noch besteht (Knoll et al., 2017, S. 93–96; Lazarus & Folkman, 1984, S. 314–317).

3.2.1 Coping

Der englische Begriff „Coping" bedeutet im Deutschen etwa „Zurechtkommen mit [...]". Lazarus und Folkman definierten (1984) Coping als „sich ständig ändernde kognitive und verhaltensbezogene Anstrengungen zur Bewältigung spezifischer externer und / oder interner Anforderungen, die als Belastung oder Überschreitung der Ressourcen der Person bewertet werden" (S.141). Das Coping kann behaviorale, Emotionale oder Motivationale Reaktionen oder Gedanken befassen(Gerrig & Zimbardo, 2018, S. 479). Lazarus und Folkman beschreiben vier grundlegende Bewältigungsmethoden, die direkte Handlung, die Hemmung von Handlung, die suche nach Informationen und die intrapsychische Informationen. Die vier Bewältigungsmethoden können eine Emotions oder Problemfokussierte Funktion einnehmen, sie dienen lediglich als Leitfaden denn „Manchmal regulieren wir Gefühle, indem wir Probleme lösen, und lösen Probleme, indem wir Gefühle regulieren" (Lazarus & Folkman, 1984, S. 319). Lediglich durch die sorgfältige Prüfung des Kontexts und der jeweiligen Person können die Bewältigungsstrategien korrekt eingeordnet werden(Lazarus & Folkman, 1984, S. 320)

3.2.2 Coping Ressourcen

Lazarus und Folkman beschreiben das es unmöglich wäre alle Ressource zu bestimmen die ein Mensch nutzt, stattdessen haben sie Hauptkategorien identifiziert durch die sie die Multidimensionalität und Abstraktionsebenen der Ressourcen veranschaulichen. Diese werden in Tabelle 3 veranschaulicht. (Lazarus & Folkman, 1984, S. 157).

Ressourcen	Beschreibung
Gesundheit und Energie *(health and energy)*	- Relevant für viele Stressoren - Einfacherer Umgang mit Stressoren bei Positivem Wohlbefinden, ausreichender Energie und Coaundheit
Positive Überzeugungen *(positive beliefs)*	- Überzeugungen dienen als Grundlage für Hoffnung & Unterstützen dadurch Bewältigungsbemühungen trotz Umständen
Problemlösende Fähigkeiten *(problem-solving skills)*	- umfasst die Fähigkeit nach Informationen zu suchen, Situationen zu analysieren um das Problem zu identifizieren, alternativen zu generieren und einen geeigneten Aktionsplan durchzuführen
Soziale Fähigkeiten *(social skills)*	- soziale Kompetenzen erhöhen Wahrscheinlichkeiten auf Zusammenarbeit oder Unterstützung
Soziale Unterstützung *(social support)*	- informationelle, emotionale oder materielle Unterstützung durch Mitmenschen
Materielle Ressourcen *(material resources)*	- erhöhen Bewältigungsmöglichkeiten bei fast jeder Stressigen Transaktion - effektiverer Zugang zu Juristischen, Medizinischen, Finanziellen oder anderen Professionellen Möglichkeiten

Tabelle 4: Coping Ressourcen
Quelle: Eigene Darstellung in Anlehnung an(Lazarus & Folkman, 1984, S. 157–164)

3.2.3 Emotionsfokussiertes Coping

Nutzt eine Person das Emotionsorientierte Coping, so reguliert sie das mit dem Stress verbundene Unbehagen (Lazarus & Folkman, 1984, S. 152), durch geplante Ablenkung, Medikamenten oder dem Einsatz von Entspannungstechniken. Diese Variante eignet sich besonders gut zur Bewältigung von unkontrollierbaren Ressourcen, da die externe Belastung nicht immer verändert oder entfernt werden kann und das Individuum schließlich die Anforderungssituation bewältigen muss (Gerrig & Zimbardo, 2018, S. 480–481). Im Unterschied zum Problembezogenem Coping, kann das Individuum nicht die Herausforderung direkt ändern, sondern muss durch verschiedene Ressourcen versuchen die Emotionen zu bewältigen, ohne das eigentliche Problem zu bewältigen zu können. Dies ist aber nicht unmittelbar davon abhängig, ob die Situation unveränderbar ist. Zum Beispiel kann ein Student vor einer wichtigen Prüfung Stress empfinden, durch Mangel an Zeit und Struktur, kann dies sich erheblich auf die Leistung des Studenten auswirken. Der Student, kann durch Soziale Unterstützung und positive Glaubenssätze die Empfindung verringern. Durch Soziale Unterstützung, in Form von positivem Zuspruch im Bezug auf die geforderten Fähigkeiten oder durch erhaltene Informationen, wie „Tipps" zum bestehen einer Klausur. Des Weiteren kann der Student durch positive Glaubenssätze, welche unteranderem auch die Selbstwirksamkeit stärken, wie „Ich habe es bereits öfter geschafft, dieses mal auch!", das Gefühl von Stress verringern. Ein weiteres Beispiel lässt sich anhand eines Konfliktes in einer Partnerschaft erklären. Empfindet eine Person Stress durch den Konflikt, kann diese vorerst auf die Ressource von Gesundheit und Energie zurückgreifen. Sie kann Sport treiben und sich dazu noch ein festes Ziel setzten welches zu erreichen versucht wird, dementsprechend entstehen Ablenkung und positive Emotionen beim erreichen des Ziels. Weiterhin kann die Person durch genügend Soziale Kompetenzen versuchen mit Menschen in Kontakt zu treten oder gegebenenfalls neue Personen kennenzulernen, dies führt ebenfalls zu Ablenkung und eventuellen freudigen Ereignissen. Dementsprechend hilft die

Soziale Unterstützung der Kontaktierten Menschen, ebenfalls bei der Bewältigung des Liebeskummers. Des Weiteren kann der Austausch von Erfahrungen hilfreiche Informationen vermitteln wie zum Erfolgreichen schlichten eines Konflikts.

3.2.4 Problemfokussiertes Coping

Das Problemorientierte Coping befasst sich mit der Veränderung des Stressors oder des Bezugs dazu, mithilfe direkter Handlungen wie Kampf, Flucht oder der Vermeidung zukünftiger Stressoren. Beginnend mit der Wahrnehmung des Stressors und der darauffolgenden Auswahl einer geeigneten Handlung um die Bedrohung zu entfernen oder zu vermindern. Im Gegenteil zum Emotionsorientiertem Coping, empfiehlt sich diese Art für Stressoren die kontrollierbar sind ,denn sie sind durch das eigene Handeln veränderbar oder können eliminiert werden(Gerrig & Zimbardo, 2018, S. 480–481). Der bereits vorher erwähnte Student könnte als Beispiel des Problemfokussierten Copings versuchen durch seine Problemlösefähigkeit den Grund der Unsicherheit und des Stress zu identifizieren. Er könnte dadurch verstehen, ob es an Zeitmangel, Produktivität oder anderen Ursachen liegen könnte und diesen dementsprechend mehr Aufmerksamkeit schenken. Weiterhin kann der Student durch Soziale Kompetenzen und Unterstützung, in form einer Lerngruppe den Stress vermindern. Die Zusammenarbeit mit anderen Kommilitonen lässt den Student, zum einen Eventuelle Wissenslücken entdecken, aber auch Mitgefühl und Verständnis spüren die sie dem Student entgegen bringen. Die unter dem Konflikt leidende Person, kann durch ihre Problemlösefähigkeit die Situation analysieren und verstehen, wo die Ursache des Konflikts liegt und diese gegebenenfalls eliminieren. Des Weiteren kann sie durch eventuelle Soziale Kompetenzen den Konflikt lösen, indem Gespräche geführt und die jeweiligen Standpunkte diskutiert werden.

Zusammenfassen lässt sich sagen, dass das Verhalten des Emotionsfokussierten Copings auf die Linderung der Bewältigungssymptome zielt und des Problemfokussierten Copings auf die Lösung des Problems(Schwarzer, 2004, S. 154).

Literaturverzeichnis

Bandura, A. (1997). *Self Efficacy: The Exercise of Control* (1997. Aufl.). New York: Worth. doi: 10.1891/0889-8391.13.2.158

Bengel, J., & Jerusalem, M. (Hrsg.). (2009). *Handbuch der Gesundheitspsychologie und medizinischen Psychologie.* Göttingen: Hogrefe.

Brinkmann, R. D. (2014). *Angewandte Gesundheitspsychologie.* Hallbergmoos: Pearson.

Egger, J. (2005). Das biopsychosoziale Krankheitsmodell. *psychol. Med. 16,* 3–12.

Faltermaier, T. (2005). *Gesundheitspsychologie* (1. Aufl). Stuttgart: Kohlhammer.

Friedman, M., & Rosenman, R. H. (1974). *Type A behavior and your heart* (1st ed.). New York: Knopf. DOI: https://doi.org/10.1016/00029149(75)90072-7

Gerrig, R. J., & Zimbardo, P. G. (2018). *Psychologie* (21., aktualisierte und erweiterte Auflage; J. Roos & T. Dörfler, Hrsg.). Hallbergmoos: Pearson.

Herrmann, T. (1987). *Lehrbuch der empirischen Persönlichkeitsforschung* (5. Aufl). Göttingen: Hogrefe.

Kauffeld, S. (Hrsg.). (2019). *Arbeits-, Organisations- und Personalpsychologie für Bachelor: Mit 42 Tabellen* (3. Auflage). Berlin, Germany: Springer.

Knoke, Prof. Dr. M. (2016). *Studienbrief der SRH Fernhochschule, Wissenschaftliches Arbeiten und Schreiben* (1. Auflage). Riedlingen (Studienbrief der SRH fernhochschule).

Knoll, N., Scholz, U., Rieckmann, N., & Schwarzer, R. (2017). *Einführung Gesundheitspsychologie* (4., aktualisierte Auflage). München Basel: Ernst Reinhardt Verlag.

Lazarus, R. S., & Folkman, S. (1984). *Stress, appraisal, and coping* (11.). New York: Springer.

Leka, S., Cox, T., & Griffiths, A. (2003). *Work organization & stress: Systematic problem approaches for employers, managers and trade union representatives*. Geneva: World Health Organization.

Maltby, J., Day, L., & Macaskill, A. (2011). *Differentielle Psychologie, Persönlichkeit und Intelligenz* (2., aktualisierte Auflage [der englischen Ausgabe]). München: Pearson Studium.

Ottawa Charter for Health Promotion, 1986. (2017, März 18). Abgerufen 20. Oktober 2019, von http://www.euro.who.int/en/publications/policy-documents/ottawa-charter-for-health-promotion,-1986

Peterson, H. C., Seligman, M. E. P., & Vaillant, G. E. (1988). Pessimistic explanatory style is a risk factor for physical illness: A thirty-five-year longitudinal study. *Journal of personality and social psychology*, *55*(1), 23–27. https://doi.org/10.1037/0022-3514.55.1.23

Rosenman, R. H., Brand, R. J., Jenkins, C. D., Friedman, M., Straus, R., & Wurm, M. (1975). Coronary Heart Disease in the Western Collaborative Group Study: Final Follow-up Experience of 8 1/2 Years. *JAMA*, *233*(8), 872–877. https://doi.org/10.1001/jama.1975.03260080034016

Scheier, M. F., & Carver, C. S. (2018). Dispositional optimism and physical health: A long look back, a quick look forward. *American Psychologist*, *73*(9), 1082–1094. https://doi.org/10.1037/amp0000384

Schneeweiß, S. G. (1998).Risikofaktorenanalyse. In R.Weitkunat,J. Haisch &M. Kessler (Hrsg.) , *Public Health und Gesundheitspsychologie*

Schütz, A., Brand, M., Selg, H., & Lautenbacher, S. (Hrsg.). (2015). *Psychologie: Eine Einführung in ihre Grundlagen und Anwendungsfächer* (5., überarbeitete und erweiterte Auflage). Stuttgart: Kohlhammer.

Schwarzer, R. (2004). *Psychologie des Gesundheitsverhaltens: Einführung in die Gesundheitspsychologie* (3., überarbeitete Auflage). Göttingen Bern Toronto Seattle Oxford Prag: Hogrefe.

Segerstrom, S. C. (2006). How does optimism suppress immunity? Evaluation of three affective pathways. *Health Psychology, 25*(5), 653–657. https://doi.org/10.1037/0278-6133.25.5.653

Stemmler, G., Hagemann, D., Amelang, M., & Spinath, F. M. (2016). *Differentielle Psychologie und Persönlichkeitsforschung* (8., überarbeitete Auflage). Stuttgart: Verlag W. Kohlhammer.

Strauser, D. R., & Lustig, D. C. (2003). The moderating effect of sense of coherence on work adjustment. *Journal of Employment Counseling, 40*(3), 129–140. https://doi.org/10.1002/j.2161-1920.2003.tb00863.x

Vogt, K., Hakanen, J. J., Jenny, G. J., & Bauer, G. F. (2015). Sense of coherence and the motivational process of the job-demands–resources model. *Journal of Occupational Health Psychology, 21*(2), 194–207. https://doi.org/10.1037/a0039899

Vollmann, M., & Weber, H. (2011). Gesundheitspsychologie. In *Zuerst ersch. In: Handbuch der Persönlichkeitspsychologie und Differentiellen Psychologie / Hannelore Weber ... (Hrsg.). Göttingen: Hogrefe, 2005, S. 524-534* (S. 394–410).

Weltgesundheitsorganisation (Hrsg.). (1999). *Gesundheit 21: Das Rahmenkonzept „Gesundheit für alle" für die Europäische Region der WHO*. Kopenhagen: Weltgesundheitsorganisation.

Wirtz, M. A., & Strohmer, J. (Hrsg.). (2017). *Dorsch—Lexikon der Psychologie* (18., überarbeitete Auflage). Bern: Hogrefe.

Wittchen, H.-U., & Hoyer, J. (Hrsg.). (2011). *Klinische Psychologie & Psychotherapie* (2., überarbeitete und erweiterte Auflage). Berlin Heidelberg: Springer.